Commentaire

Par Natacha Cerf

AF371432

Le Banquet

Le mythe de l'androgyne

Platon

lePetitPhilosophe.fr

PLATON

PHILOSOPHE GREC À L'ORIGINE DE LA THÉORIE DES IDÉES

- **Né vers 427 à Athènes**
- **Décédé vers 347 av. J.-C.**
- **Quelques-unes de ses œuvres :**
  - *Gorgias*, dialogue
  - *La République*, dialogue
  - *Phèdre*, dialogue

Platon est un penseur grec issu d'une famille aristocratique athénienne. Sa **rencontre avec le philosophe Socrate** l'éloigne d'une carrière politique à laquelle, par son appartenance familiale, il semblait destiné. À la mort de son maitre, il se consacre à la transmission de sa pensée novatrice par l'écriture. Il fonde en 387 av. J.-C. **l'Académie**.

Platon écrit principalement des **dialogues socratiques** (*Phédon*, *Alcibiade*, etc.) construits selon la méthode dialectique de Socrate, caractérisée par un détachement progressif des idées reçues pour parvenir à la vérité et à la vertu. Sa pensée explore à travers ces dialogues la plupart des thèmes philosophiques importants : l'éthique, la politique, la métaphysique ou encore l'esthétique.

Le philosophe est le fondateur de la **théorie des Idées**, qui introduit un dualisme entre deux mondes : le monde sensible et le monde intelligible, constitué d'hypothétiques essences immatérielles, éternelles et immuables, les Idées.

La philosophie permet d'accéder aux Idées du Bien et du Beau, qui constituent la seule réalité véritable.

LE BANQUET

UNE ŒUVRE MAJEURE DE LA PENSÉE OCCIDENTALE

Écrit aux alentours de **385 av. J.-C.**, *Le Banquet* est une des œuvres majeures de Platon. Son influence sur la pensée occidentale fut profonde. C'est dans *Le Banquet* que Platon théorise **le Beau en soi**.

La mise en scène du texte est particulière puisqu'il s'agit d'un **discours rapporté** : Apollodore rapporte ce qu'Aristodème a lui-même entendu pendant un banquet auquel il a assisté et Platon reprend le récit d'Apollodore. Le texte parait donc lointain. Cela a pour effet de renforcer l'importance de ces discours puisqu'on sait qu'ils ont été transmis plusieurs fois.

MISE EN CONTEXTE

LE CADRE SPATIOTEMPOREL DU *BANQUET*

Précisons qu'**un banquet**, qui peut être public ou privé, est **une institution à l'époque archaïque**. Participer aux banquets est un moment important de la vie sociale, en même temps qu'un acte civique. Celui qui ne prend pas part à l'évènement est assimilé à un non-citoyen.

Le banquet consiste en un *sumposion* (beuverie en commun), qui vient après le *deîpnon*, c'est-à-dire le repas proprement dit. Il est souvent **rythmé par des libations, des prières et des chants en l'honneur des divinités**. Le repas et le vin ont une dimension sacrée puisque, avant le début des festivités, une partie des mets et des boissons constituent des offrandes pour les dieux. Par ailleurs, le moment où l'on boit est souvent propice à la déclamation d'épopées célèbres ou d'œuvres nouvelles composées pour l'occasion. Cela permet aux poètes d'acquérir une éventuelle renommée. Des discours sur la vertu ou sur tout autre thème relevant de la connaissance sont également prononcés : Platon considère le banquet comme **le lieu par excellence du discours philosophique**.

Le banquet dont il est question dans l'œuvre est organisé par Agathon, un poète tragique athénien, habituellement présenté comme un homosexuel passif, un homme efféminé. Il a moins de trente ans lorsqu'il remporte sa première victoire au concours de tragédies des Lénéennes en **416 av. J.-C.** À l'occasion de ce concours, Agathon tente d'introduire le principe de l'épopée dans la tragédie et il est le premier à écrire une tragédie sans emprunter ses éléments majeurs à la mythologie traditionnelle, ce qui lui vaut la consécration. C'est pour fêter ce succès qu'il donne un banquet.

Mais **cet évènement ne correspond pas à la date de composition du dialogue** qui se situerait **un peu avant 375 av. J.-C.** d'après les faits historiques auxquels les protagonistes du dialogue font allusion. Platon prête donc à ses invités des propos qu'ils n'ont pu tenir puisque ces évènements ne s'étaient pas encore produits : il s'agit d'un léger apport de fiction.

Si la date de composition du dialogue ne correspond pas à celle de l'évènement dont il est question, le cadre, lui, reste fixe : le banquet donné par Agathon a bien lieu à Athènes dans la demeure d'Agathon. Celle-ci est voisine d'une maison dans laquelle Socrate a l'habitude de se retirer pour méditer.

UN DIALOGUE SOCRATIQUE

Le Banquet est **un dialogue dit socratique sur l'amour**, en référence à Socrate. Philosophe, mystique, sage et guerrier, **Socrate**, qui serait **né en 470 av. J.-C. à Athènes**, est le fils d'une sage-femme et d'un ouvrier-sculpteur : il gardera jusqu'à sa mort une certaine humilité due à ses origines modestes. Il a l'habitude d'éviter la foule, préfère les rencontres individuelles ou en groupe restreint, et respecte peu les conventions sociales. Lors du banquet, il arrive au milieu du souper et n'hésite pas à prendre la parole de manière intempestive et à contredire les différents interlocuteurs. C'est son activité d'« accoucheur d'esprits » qui exige ce côté importun et donneur de leçons.

Socrate a pour habitude de **discourir de sujets liés à la nature humaine**, et d'observer les points d'accord et de désaccord entre les hommes. Il les instruit ensuite de ce dont il a la certitude ou la connaissance. Chaque interlocuteur représentant la nature humaine que l'on cherche à observer, le dialogue ne peut qu'être intéressant. Cependant, Socrate remarque que les hommes ignorent souvent ce qu'ils sont et ce qu'ils font car ils s'observent rarement. Le but du philosophe est par conséquent d'apprendre à ses interlocuteurs à s'observer et à se connaitre. C'est pourquoi le dialogue socratique, en forçant l'individu à regarder vers l'intérieur, peut avoir un impact psychologique violent.

La méthode utilisée par Socrate s'appelle **la maïeutique, « l'art de faire accoucher »**. Socrate avait l'habitude de dire que, comme sa mère aidait les femmes à accoucher, lui aidait les esprits des hommes à accoucher du savoir qu'ils contenaient sans en être conscients. Le philosophe met les interlocuteurs face à leurs propres contradictions nées de l'observation profonde d'eux-mêmes. Grâce aux questions qu'il leur pose, il les amène à trouver la vérité par leurs propres moyens, sans qu'elle leur soit enseignée ou transmise. Ceci se fait selon un principe dialectique : les intervenants produisent différentes thèses et antithèses qui, grâce aux discussions et aux questions de Socrate, donnent lieu à une synthèse permettant d'aller plus loin dans la réflexion et de se rapprocher de la vérité absolue.

Les propos tenus au sujet de Socrate et l'éloge qu'en fait Alcibiade (homme d'État athénien, vers 450-404 av. J.-C.) dans *Le Banquet* donnent une idée de l'impact et de l'influence que devait exercer le penseur sur autrui. Il semblerait qu'il était capable d'amener ses interlocuteurs à un changement de vie radical. En 399 av. J.-C., accusé de ne pas reconnaitre les dieux de la cité et de corrompre les jeunes gens en introduisant des divinités nouvelles, Socrate est condamné à boire la cigüe — et donc à mourir empoisonné — par un tribunal populaire d'Athènes.

LE DISCOURS D'ARISTOPHANE

Le Banquet consiste donc en **un dialogue sur l'Amour auquel participent sept personnes**, notamment Aristophane (457-385 av. J.-C.), dont le discours fera l'objet du commentaire ci-dessous. Chacun des participants s'essaie à l'éloge de l'Amour, autrement dit d'Éros, le dieu de l'amour. Cet éloge a pour but de **dégager l'essence (la nature) d'Éros**. Pour ce faire, les protagonistes élaborent **sa généalogie**, car la mythologie est toujours structurée sur la base de la généalogie.

BON À SAVOIR

L'**éloge** appartient à un genre littéraire très ancien, le genre épidictique. Le discours épidictique, destiné à être prononcé devant un public, exprime un idéal par l'éloge ou le blâme. Il y est toujours question de l'éducation morale des citoyens, invités à souscrire aux valeurs édifiées par l'orateur. Ce type de discours est codifié par la rhétorique antique et suit certaines règles.

Quant à **Aristophane**, il **déduit la nature de l'Amour du mythe des androgynes**. Aristophane est le plus grand poète comique de l'Antiquité. Ses œuvres défendent les petits paysans et la démocratie des origines contre les démagogues et les sophistes qui font triompher les causes mauvaises à l'aide de raisonnements fallacieux. Il a en horreur les mœurs politiques de son temps : il craint que la démocratie ne se mue en démagogie (politique par laquelle on flatte et on exploite les sentiments et les réactions des masses).

Aristophane est **le quatrième à prononcer un discours**. Cette place est représentative de son degré de connaissance : il est plus proche de la vérité sur Éros que Phèdre, Pausanias et Eryximaque, qui ont pris la parole avant lui, mais il en sait un peu moins qu'Agathon et bien sûr que Socrate, qui détient la vérité absolue, et dont le discours sera rapporté par Diotime en dernier lieu.

BON À SAVOIR

Les **sophistes** désignent, dans la Grèce du Ve siècle av. J.-C., des professeurs itinérants qui enseignaient l'art d'argumenter aux jeunes gens destinés à jouer un rôle dans les assemblées démocratiques. Platon s'est livré à une critique virulente des sophistes, qu'il accusait de chercher à convaincre à l'aide d'arguments fallacieux, à séduire un auditoire et à flatter l'opinion plutôt que de chercher à atteindre la vérité.

LE MYTHE DE L'ANDROGYNE

À partir de « Pour moi, en effet, les hommes doivent avoir totalement méconnu la puissance de l'Amour ; comment s'expliquer autrement qu'ils ne lui aient pas élevé leurs plus grands temples et leurs plus vastes autels, offert leurs plus somptueux sacrifices, mais au contraire en aient frustré un dieu qui les méritait plus qu'aucun autre ? [...] » jusqu'à « [...] cet Amour qui, non seulement nous rend dès maintenant le plus grand des services en nous guidant vers notre véritable objet, mais encore nourrit nos plus grandes espérances d'avenir en nous permettant, pour peu que nous observions la piété envers les dieux, de nous rétablir dans notre primitive nature, de nous guérir et de nous élever à la parfaite félicité. »

PLATON, *Le Banquet*, traduction de Luc Brisson, Paris, GF-Flammarion, 1998, p. 68-72.

EXPLICATION ET ANALYSE DU TEXTE

LE MYTHE DE L'ANDROGYNE

Le mythe

Aristophane considère **le dieu de l'Amour** comme le meilleur ami de l'homme puisqu'il lui permet d'accéder au suprême bonheur, ce qui révèle son **incommensurable puissance**. Afin de faire prendre conscience de cette toute-puissance d'Éros aux autres invités, il doit commencer par les instruire de la nature humaine, ce qu'il fait en expliquant le mythe de l'androgyne.

Avant l'humanité, il y a **l'homme, la femme et l'androgyne**. Ils ont **la forme de sphères** et sont tous **doubles** :

- l'homme a deux sexes d'homme,
- la femme deux sexes de femme,
- et l'androgyne un sexe d'homme et un sexe de femme.

Chaque sphère est dotée de quatre mains, quatre pieds, quatre oreilles et deux visages au sommet d'un seul cou ne formant qu'une seule tête. Parfois ces êtres qui sont tout d'une pièce marchent sur leurs jambes, parfois ils roulent.

Concernant leur généalogie, **le mâle descend du Soleil, la femelle de la Terre et le genre mixte de la Lune**. Cette descendance explique la différence de constitution entre les trois genres, mais aussi leur forme sphérique, leur capacité à atteindre des vitesses fabuleuses, leur force et leur vigueur stupéfiantes.

Cette descendance est peut-être également à l'origine de leur **orgueil démesuré**. En effet, un jour, toutes ces boules montent vers l'Olympe, le domaine divin, dans le but d'**attaquer les dieux**. Zeus (le roi des dieux) et les autres dieux se demandent quoi faire contre cette licence. Il n'est question ni d'anéantir leur race comme ils l'ont fait pour les Géants (personnages caractérisés par une stature et une force exceptionnelles connus pour avoir affronté les dieux), car se débarrasser des hommes signifierait être privé d'offrandes et d'hommages, ni de tolérer une telle offense. Le maitre des dieux trouve alors le moyen de les désarmer : **couper ces boules en deux**. Zeus est particulièrement fier de cette solution qui non seulement affaiblit les audacieux mais double également le nombre de ses fidèles.

Le désir comme manque

C'est dans ce mythe qu'apparait l'idée que le désir est manque. En effet, après la rupture, **chaque boule se met à chercher sa moitié pour reformer une unité**, que ce soit par l'amour lesbien, l'amour homosexuel ou l'amour hétérosexuel. Les corps dédoublés agonisent de ne plus faire qu'un et se retrouvent incapables de quelque activité que ce soit sans l'autre. Si une moitié meurt, l'autre moitié se met aussitôt à en chercher une autre susceptible de la compléter, et ils passent leur temps à s'enlacer. Mais ces tentatives de reformer leur unité sont vaines.

Devant une telle détresse humaine, **Zeus est pris de pitié**. Il décide donc de **placer les sexes** (que jusqu'alors ces demi-boules portaient derrière) **devant**, afin que l'union soit réalisable au moins de temps en temps. Entre l'homme et la femme, la procréation devient alors possible, et avec elle la propagation de l'espèce. Ainsi, moins malheureux, les hommes reprennent gout à l'existence et se tournent à nouveau vers l'action. Par-là, nous pouvons expliquer l'incompréhension du monde antique vis-à-vis de l'amour lesbien : celui-ci ne permet aucune forme d'assouvissement étant donné l'absence de possibilité de pénétration. Entre deux hommes, par contre, la pénétration étant envisageable, la satiété est possible.

En somme, pour Aristophane, **l'Amour procède d'un manque radical** : il n'est rien d'autre que la tentative de retrouver notre condition première ou le désir et la quête de l'unité perdue. Le mythe explique ainsi la naissance du désir amoureux et la raison pour laquelle nous passons notre vie à chercher notre moitié.

La valorisation de l'homosexualité au sein d'une élite

Comme l'explique Aristophane :

- les fragments du genre mixte, les androgynes, sont soit les hommes qui aiment les femmes (la plupart, selon Aristophane, sont des hommes adultères) soit les femmes (dont la majorité tromperaient leurs maris) qui aiment les hommes ;
- les femmes, jadis moitiés de femme, se tournent exclusivement vers les femmes ;
- **les hommes, jadis moitiés d'homme, se tournent exclusivement vers les hommes**.

Ces derniers sont **les meilleurs** du fait qu'ils sont **uniquement virils de nature**. En effet, selon Aristophane, la hardiesse, le courage et toutes les vertus de virilité ne se trouvent qu'en l'homme. Il en prend pour preuve le fait que les garçons sont les seuls à se consacrer à la politique. De plus, l'amour entre un homme et une femme produit un attachement qui ne peut être dû qu'au plaisir des sens. Or l'acte ne reforme l'unité que durant un instant, puis laisse place à la discontinuité. La recherche de son semblable, lorsqu'on est issu d'un androgyne, est donc perpétuelle et rend les amants incapables d'être détachés une minute l'un de l'autre.

Par conséquent, Aristophane loue **l'amour homosexuel** parce qu'il est **le plus apte à reformer durablement l'unité perdue**, à satisfaire le désir de s'unir, de se confondre avec l'être aimé pour, enfin, ne plus être deux mais un seul. Car l'amour homosexuel, en tant qu'amour du même, fait disparaitre la différence et l'individualité. En outre, si le meilleur des amours est l'amour homosexuel, c'est aussi parce qu'il est **une procréation plus intellectuelle** : il reforme l'unité en dehors de la sexualité qui n'est apte à la reconstituer que temporairement. L'amour homosexuel se distingue donc de la recherche frénétique du plaisir. L'ennemi n'est pas pour autant l'hétérosexualité mais bien le plaisir.

Notons cependant que si l'homosexualité est valorisée parmi les gouvernants, elle est condamnée dans le reste de la société grecque.

De l'importance des dieux

Aristophane met enfin les hommes en garde : si nous ne nous conduisons pas bien envers les dieux, la même mésaventure pourrait à nouveau nous arriver. Les hommes seraient alors réduits à des tessères rompues. Ceci explique **l'importance de la piété envers les dieux**. Ainsi, nous évitons un nouveau châtiment et nous sommes récompensés par les bienfaits de l'Amour. Le plus grand des biens est en effet de trouver le bien-aimé qui nous permettra de retrouver notre nature première. Le plus grand des biens est donc offert par Éros.

LA RECHERCHE DU VRAI

Dans son mythe, Aristophane révèle que **la femme descend de la Terre** : cela signifie qu'elle se rattache à la durée et non à l'éternité (l'éternité est dans le Ciel et non sur Terre). Elle est, par conséquent, **ancrée dans le monde sensible** et ramène donc l'homme à la **génération physique**. Quant à **la nature de l'homme**, elle est **solaire** : étant plus près du ciel, c'est-à-dire du monde intelligible, son affaire est donc la philosophie. L'homme se soustrait dès lors à la généra-tion physique liée au corps pour entrer dans la **génération spirituelle et philosophique**. C'est un créateur intellectuel dont le dessein est la procréation spirituelle, que ce soit celle de poèmes, de textes philosophiques ou de lois. Par conséquent, contrairement à la femme, qui produit des enfants, les hommes entre eux produisent des idées.

C'est pourquoi, parmi tous les cas de figure que l'on retrouve dans les suites du mythe de l'androgyne, **la meilleure recherche**, du moins au sein du monde politique, est celle de **l'amour homosexuel**, car il est le seul permettant la génération spirituelle. C'est en cette recherche que réside, selon Aristophane, la quête du vrai. Celle-ci débute dans le détachement vis-à-vis du corps et le fait de fuir les plaisirs, surtout sexuels, parce qu'ils nous écartent de la recherche et de la connaissance du vrai.

LE DÉSIR SELON PLATON

Le discours d'Aristophane se rapproche de **la pensée de Platon** :

- d'une part, parce qu'il définit **le désir comme manque** ;
- d'autre part, parce qu'il met en avant **la quête du vrai** et, à cette fin, la nécessité de renoncer à la recherche frénétique du plaisir.

Néanmoins, ce discours n'est qu'une étape sur le chemin de la vérité. Et **seul le discours de Socrate**, construit sur les paroles rapportées de Diotime, **élabore la définition platonicienne de la notion du désir** : si le désir est manque, ce n'est pas à cause de l'unité perdue dans la séparation des sphères, mais à cause de la nature démoniaque d'Éros.

La généalogie de l'Amour

L'Amour n'est ni beau ni laid, ni mauvais ni bon, ni humain ni divin. Par conséquent, **il est entre l'homme et le dieu**. Or entre le monde des hommes et celui des dieux s'étend le monde des démons : **l'Amour est démoniaque**. En tant qu'intermédiaires, les démons comblent la distance entre les hommes et les dieux, et assurent leurs relations via les sacrifices, les incantations, les oracles, etc.

La généalogie de l'Amour est la suivante : Pôros, le dieu de la richesse et de l'abondance, a tellement bu qu'il s'endort. Penia, une pauvresse, décide de tirer profit de la situation et le viole. Elle tombe enceinte et engendre Éros. Par sa mère, Éros est donc pauvre et humain, tandis qu'il est divin par son père. Ce mélange fait de lui un démon, ni mortel ni immortel.

Cette descendance permet de mieux comprendre la condition de l'Amour :

- de par sa mère, l'Amour est toujours pauvre, rude, sale et sans abri ;
- grâce à son père, il est toujours à l'affut du beau et du bien, courageux et rusé.

Ainsi, il ne connait jamais la véritable richesse ni la complète misère, et est **toujours « manque de »**.

De même, **l'Amour, tout comme le philosophe, se situe entre la sagesse et l'ignorance** :

- d'une part, l'Amour et le philosophe ne sont pas ignorants. Le grand malheur de l'ignorant est de croire qu'il sait déjà tout et, par conséquent, de ne pas chercher. Le philosophe, par contre, est celui qui tend vers la sagesse, qui cherche ;
- d'autre part, l'Amour et le philosophe ne sont pas non plus sages parce qu'un homme ne philosopherait pas s'il possédait déjà la sagesse.

On en conclut que les philosophes et l'Amour ne sont ni sages ni ignorants. Cette situation intermédiaire est, une fois de plus, due à l'hérédité de l'Amour : son père est sage et plein de ressources tandis que sa mère est ignorante et sans ressources.

L'Amour ou le désir d'immortalité

Diotime poursuit son dialogue avec Socrate sur le sujet de l'utilité de l'Amour pour les hommes. L'Amour peut être défini comme le désir d'être heureux. Or être heureux, c'est posséder pour toujours le Beau et donc le Bien. Par conséquent, l'Amour est le désir de posséder pour toujours le Beau et le Bien. Et cette possession est assimilée au divin puisque le divin est toujours beau et donc toujours bien. En somme, **l'Amour est le désir de posséder l'éternité** (ou l'immortalité).

Cette possession n'est **possible que par l'intermédiaire de la procréation**, qui participe du divin :

- d'une part, la procréation est **concevable sur le plan du corps** : en faisant des enfants, les êtres cherchent en effet à atteindre l'immortalité – notons au passage que la tendance de l'homme à vouloir laisser des fils est symptomatique de sa volonté de laisser une trace, de vouloir être immortel ;
- d'autre part, la procréation est **concevable sur le plan de l'âme lorsque celle-ci parvient à contempler la Beauté intelligible** et à produire grâce à elle des poèmes, des codes de loi ou des discours sur la vertu qui pourront assurer son immortalité (Platon est par exemple devenu

immortel grâce à sa philosophie). Il s'agit là de la manière la plus noble de parvenir à l'immortalité. Ainsi, la vie ne vaut d'être vécue que lorsque l'on parvient à contempler la Beauté en elle-même. Dès lors, seule la pratique de la philosophie fait que la vie vaut d'être vécue, puisque seule la philosophie permet de contempler la beauté.

Ainsi, le désir d'immortalité, qui se traduit dans la procréation, est le vrai objet de l'amour puisque désirer le bonheur, c'est-à-dire le Bien, est toujours désirer l'immortalité :

- les hommes qui aiment selon le corps aiment de préférence les femmes : leur amour consiste à s'assurer l'immortalité à travers la survivance de leur nom en procréant ;
- les hommes qui aiment selon l'âme (c'est-à-dire qui sont féconds en intelligence, en vertu, en prudence et en justice) se tournent plus souvent vers les hommes : entre hommes, l'amour permet d'enfanter de grandes idées.

La théorie des Idées

Chez Platon, **la philosophie mène à la contemplation de la Beauté**, soit du monde intelligible, divin, dont le monde sensible, physique, n'est qu'un pâle reflet. Elle permet de tourner le regard du sensible vers l'intelligible, de l'image vers le modèle qui seul constitue la réalité véritable.

Pour mieux comprendre, il est nécessaire de se pencher sur **la théorie des Idées de Platon**, une théorie qui eut des répercussions comme nulle autre dans l'histoire de la philosophie. Platon introduit un dualisme entre deux mondes :

- d'une part **le monde sensible**, qui n'offre aucune stabilité puisque par essence il est le mouvement, le changement et le particulier ;
- d'autre part **le monde intelligible**, qui est stable et est constitué d'hypothétiques essences immatérielles, éternelles et immuables : **les Idées**. Celles-ci sont, selon Platon, des archétypes de la réalité d'après lesquels les objets du monde visible sont formés.

Concrètement, le fait que parmi la diversité d'espèces animales, nous soyons capables de reconnaitre ces êtres comme des animaux permet de conclure qu'il existe un archétype de l'animal, commun à tous les animaux, et qui détermine la forme de leur être. Ainsi, le monde sensible est soumis aux Idées immuables, dont il tire son être.

Platon propose de réduire le sensible, c'est-à-dire le multiple, dans l'un, autrement dit dans l'Idée puisque celle-ci constitue un modèle abstrait, parfait, éternel et immuable. C'est pourquoi il est question dans *Le Banquet* de passer de la beauté d'un corps en particulier à la Beauté en soi. Cette Beauté en soi est synonyme du Bien qui est la valeur suprême chez Platon.

CONCLUSION

L'Amour est présenté dans *Le Banquet* comme la seule passion qui puisse avoir pour objet à la fois le sensible et l'intelligible. Il est donc **un moyen d'accès incomparable au Beau en tant qu'Idée**. L'Éros est le médiateur par excellence qui a le pouvoir d'unir les corps et les âmes, de faire entrer en communication le sensible avec l'intelligible. Lorsque l'homme parvient à la Beauté même, il accède à l'immortalité grâce à l'engendrement de ses beaux discours sur le Bien dont la possession perpétuelle est source de bonheur véritable.

Cette théorie offre par ailleurs une véritable **définition du philosophe** : il est **l'amant et le médiateur par excellence**. La puissance d'Éros s'incarne dans la figure de Socrate en particulier et dans celle du philosophe en général.

Le Banquet a eu un impact considérable à travers le monde. L'Éros de Diotime se retrouve dans le platonisme arabe (Avicenne, XIe siècle), dans la poésie (Omar Khayyam, XI-XIIe siècles) ou encore dans l'art des troubadours provençaux du XIIe siècle. Au début du XIVe siècle, il inspire également Dante, qui termine chacune des trois parties de *La Divine Comédie* par le vers platonicien : « *L'amor che muove il sole et l'altre stelle.* » (« L'amour qui meut le soleil et les étoiles. ») L'influence du *Banquet* se fait encore sentir dans le néoplatonisme chrétien de Denys l'Aréopagite dont l'impact sur l'esthétique médiévale et sur la mystique de Byzance est grand.

POUR ALLER PLUS LOIN

- BRISSON (Luc) et FRONTEROTTA (Francesco), *Lire Platon*, Paris, PUF, 2006.
- CHÂTELET (François), *Platon*, Paris, Gallimard, 1989.
- CLÉMENT (Élisabeth) *et alii*, *La Philosophie de A à Z*, Paris, Hatier, 2000.
- HADOT (Pierre), *Qu'est-ce que la philosophie antique ?*, Paris, Gallimard, 1995.
- KUNZMANN (Peter), BURKARD (Franz-Peter) et WIEDMANN (Franz), *Atlas de philosophie*, Paris, Le Livre de Poche, 2010.
- PLATON, *Le Banquet*, traduction de Luc Brisson, Paris, GF-Flammarion, 1998.
- ROBIN (Léon), *Platon*, Paris, PUF, 2009.

Rendez-vous sur lepetitphilosophe.fr et découvrez :

Plus de 1200 analyses
Claires et synthétiques
Téléchargeables en 30 secondes
À imprimer chez soi

ISBN version numérique : 978-2-8062-4560-1
ISBN version papier : 978-2-8080-0141-0
Dépôt légal : D/2017/12603/525

Conception numérique : Primento,
le partenaire numérique des éditeurs.

Made in the USA
Monee, IL
08 July 2026